LE
SPECTACLE
DE LA
LOTERIE
FAVORABLE AU PUBLIC,

Qui sera tirée à coups de Fusil, en presence de tout le Peuple de Paris.

Par Mr. DE HAUTE-FEÜILLE.

M. DCCXIII.

A MONSEIGNEUR
D'ARGENSON,
Conseiller d'Etat, Lieutenant Ge-
neral de Police, &c.

ONSEIGNEUR,

Les choses qui concernent le Peuple de Paris sont de vôtre ju-
risdiction. Je propose dans ce petit Ecrit de luy donner un Specta-
cle qu'il n'a jamais eu, & auquel l'Utile sera joint à l'Agreable pour
plusieurs. Les Peuples par tout pays sont amateurs de la Nouveauté,
& comme celuy de Paris ne le cede en rien aux autres, il souhaitera
ardemment celle-cy. C'est à vous, MONSEIGNEUR, de juger, si
cette Nouveauté lui convient & si elle ne lui sera en rien préjudiciable.

Depuis quinze ans que vous regissez ce Peuple & à qui vous
avez fait des biens inexprimables, on peut dire que c'est vôtre Peuple
cheri & bien aimé. Cette grande Ville retentit de ce que vous y avez
fait, & des Ordres admirables que vous y avez établis.

Vous y avez repandu des Aumônes & des Charitez à une infinité de Familles cachées & indigentes: Vous avez retiré du desordre plusieurs personnes du Sexe qui y étoient tombées, & vous en avez retenu un plus grand nombre qui étoient prêtes d'y tomber. Vous avez pacifié les Dissensions des Communautez, des Familles, & des Particuliers.

Ce Peuple ne parle que de l'ardeur & du zéle infatigable que vous avez pour le service du Roy & du Public, de l'étenduë de vos lumieres, de vôtre penetration dans les affaires les plus difficiles & de vos autres qualitez.

Il vous considere comme son Pere & son Protecteur; il aura un veritable plaisir de vous voir faire les premiers Essais de ce Spectacle, & il supporteroit avec impatience qu'il fût differé & remis à vôtre Successeur.

A mon égard, je soûmets, Monseigneur, à vôtre jugement cette mediocre Invention, qui ne merite pas d'être mise en paralelle avec la Machine Arpantante, la Pendule portative, & les autres Decouvertes que j'ay donnees au Public, ni avec celles que je n'ay point encore publiées. Je l'estimerai neanmoins, puisqu'à son occasion j'ay l'honneur de vous assurer que je suis avec un profond respect,

MONSEIGNEUR,

Votre trés-humble, & trés-obeïssant serviteur,

DE HAUTE-FEUILLE.

LE SPECTACLE
DE LA LOTERIE
FAVORABLE AU PUBLIC,

Qui sera tirée à coups de Fusil en presence de tout le Peuple de Paris.

A maniere dont les Loteries ont été faites & tirées jusqu'à present, est trés-defectueuse & sujette à des inconveniens & à des erreurs qui ont été cause que plusieurs personnes n'ont pas profité de leurs Lots, & qu'ils ont été délivrez à d'autres, ou sont demeurez aux Directeurs des Loteries, y en ayant eu jusqu'à soixante-neuf dans une seule qui n'ont point été réclamez.

On sçait que les Ecrivains & les Imprimeurs sont fort sujets à faire des fautes, particulierement lorsqu'ils travaillent sur les Chiffres, qu'il eur est facile de transposer, de changer, d'oublier, &c. La combinaison de ces fautes en produit sept ou huit autres, que peu de gens sont capables de comprendre. Celles qui sont arrivées par la transposition, l'omission & l'alteration des Dévises, ont aussi fait perdre des Lots.

De tous ceux qui ont mis aux Loteries jusqu'à present, pas un seul n'a eu la certitude que ses Numeros ont été en puissance de gagner des Lots, ou ce qui est la même chose qu'ils ayent été écrits sur les billets roulez & mis dans la boëte tournante, parce que les Ecrivains ont pû se tromper, & ces billets roulez se perdre par divers accidens.

Le plus grand desagrément des Loteries, est de demeurer trop long-tems sans être tirées; on en a vû qui ont resté plusieurs années ouvertes, & quelques-unes qui n'ont jamais été remplies.

Un autre defagrément des Loteries, eſt l'embarras d'acheter ou de loüer des Liſtes, la peine de les lire avec une grande application, la crainte de s'y tromper & de paſſer ſur ſes Numeros ſans les appercevoir : Ces inconveniens augmentent pour ceux qui ne ſçavent pas lire, ou qui ne liſent qu'imparfaitement, leſquels ſont obligez de s'en rapporter à d'autres, qui y font ſouvent peu d'attention. Une infinité de gens ont perdu des Lots par cét endroit ; C'eſt bien aſſez que d'avoir à ſubir les loix du Sort, & les caprices de la Fortune, ſans être encore expoſé à tous ces accidens.

On ne peut donc pas douter que le Public ne fût ravi d'avoir une Loterie exemte de tous ces défauts. Les Sçavans, les perſonnes d'eſprit, de penetration & de bon ſens, verront clairement que celle-cy n'en a aucun, & qu'elle a toutes les perfections que le Public peut ſouhaiter.

Quoique l'on y employe des Ecrivains, les fautes qu'ils feront en écrivant les chiffres des Numeros vendus & diſtribuez, ne cauſeront la perte d'aucun Lot, & ne feront préjudiciables qu'à ceux qui feront cette Loterie ; car ſuppoſé qu'un Ecrivain, en croyant mettre le Numero 47. écrive ſans y faire attention le Numero 37. ou quelqu'autre ; il s'enſuit que ce Numero 37. ſera double, aura été vendu deux fois, & délivré à deux perſonnes differentes, & que le Numero 47. n'a été ni écrit ni vendu.

Si le Numero 37. eſt tiré, ces deux perſonnes iront demander avec juſtice chacun leur Lot, & les Directeurs de la Loterie ſeront obligez de payer deux Lots, & ſi ce Numero 37. a été écrit pluſieurs fois, ils payeront autant de Lots, quoique leur recette n'aye été que d'un ſeul. Pour éviter cette perte, on leur donnera un expedient, que l'on n'explique point ici, parce que cela ne regarde pas le Public. Suppoſé que le Numero 47. ſoit tiré, comme il n'a été ni écrit ni vendu, perſonne ne peut & n'a aucun droit d'en reclamer le Lot, & ce Numero produira le même effet, que ſi ceux qui font cette Loterie, l'avoient pris pour eux.

Le Public eſt partagé ſur la valeur des Lots: les uns voudroient qu'ils fuſſent tous d'un grand prix, pour faire leur fortune en un jour ; les autres, contens d'un gain mediocre, voudroient qu'il n'y eût que des petits Lots, pour avoir plus d'eſperance d'en avoir quelqu'un: Mais afin de connoître le veritable goût du Public, & ſi le plus grand nombre eſt pour les gros Lots ou pour les petits, on diviſera cette Loterie en trois claſſes ; les Lots de la premiere ſeront tous de cent francs ; ceux de la ſeconde de mille livres, & ceux de la troiſiéme de dix mille francs. Les billets de ces trois claſſes ſeront tous d'un même prix, & ne vaudront que vingt ſols chacun. Par ce moyen une perſonne qui aura cette ſomme à riſquer, choiſira le Lot qu'il voudra gagner : s'il eſt tenté de celui de dix mille francs, il aura neuf mille neuf cens quatre-vingt dix-neuf dégrez de probabilité pour la perte, & un ſeul dégré de probabilité pour le gain ; c'eſt à dire, en langage de Loterie, qu'il au-

ra

ra 9999. billets blancs contre un noir ; mais en recompenſe , ſi ſon Numero eſt tiré, il gagnera dix mille francs, moins vingt ſols qu'il a riſqué. S'il choiſit le Lot de cent francs, il n'aura que quatre-vingt dix-neuf billets blancs contre un noir ; mais il ne gagnera que quatre-vingt dix-neuf livres, ce qui fait la juſte proportion & une parfaite égalité ; enſorte que chacun pourra choiſir, avec raiſon, le Lot qu'il voudra gagner & ſuivre ſon inclination & ſon caprice, ſans crainte de ſe tromper, en obſervant que l'on ne doit riſquer aux Loteries, & à toute ſorte de Jeux, que l'argent ſuperflu, & celui que l'on peut perdre ſans la moindre incommodité.

Il n'y a pas d'apparence que le goût ſoit le même en France qu'à Veniſe, où l'on dit qu'il ſe fait des Loteries de cinquante mille Ecus & même de cent mille, dans leſquelles il n'y a qu'un ſeul Lot ou un ſeul billet noir. Si la plus grande partie donne dans les gros Lots, on fera des claſſes de 20. de 30. de 40. & de 50. mille livres ; mais ſi le plus grand nombre eſt du côté des petits Lots, on s'en tiendra aux trois claſſes cy deſſus.

Pour éviter la longueur ennuyeuſe des Loteries paſſées, celle-cy ne demeurera que trente jours ouverte, & ſera tirée regulierement à la fin ou au commencement de chaque mois, parce qu'elle a l'avantage de pouvoir être tirée quand on veut. Si la claſſe du Lot de dix mille livres n'eſt pas encore remplie, elle ſera tirée dans le mois ſuivant, de cette maniere.

On aura une Table ronde de ſapin blanchi, de huit ou neuf pieds de diametre, diviſée par des lignes noires en dix parties égales, depuis la circonference juſqu'au centre. Entre chacune de ces diviſions ſeront peints, en trés gros caracteres, les dix chiffres primitifs, 1.2.3.4.5.6.7.8.9.0. non pas dans cet ordre naturel, mais entre-mêlez les gros avec les petits, comme on les voit dans la Figure ce qui produira un plus grand effet du hazard.

Une barre de fer de ſept ou huit pieds de long, coudée dans le milieu en Sineule entrera carrément dans le centre de cette table. On mettra cette barre paralelle à l'horiſon & au courant de la Seine ſur deux treteaux poſez fixement dans un petit Bateau, placé entre le Pont Royal & le Pont Neuf. Deux hommes en tirant une corde attachée à la Sineule, feront tourner cette table avec une grande rapidité.

A trente ou quarante pas au deſſous, ſera un grand Bateau, orné de Tapiſſeries, de Fauteüils & de Chaiſes, pour recevoir Monſieur le Lieutenant General de Police. Des Trompettes, des Tambours & des Hautbois iront en cavalcade le prendre chez lui, & le conduiront juſqu'au bord de la Riviere, d'où il ſera mené dans ce grand Bateau.

Il y aura vers la Prouë un Fuſil, fortement attaché ſur deux pieces de bois, chargé d'une ſeule Bale de calibre, garni à ſon baſſinet d'une Fuſée ; & il ſera dirigé vers la Table par un bon Tireur, ou avec une Lunette à Niveau. Un enfant

4

aussi-tôt qu'il en aura reçû l'ordre, mettra le feu à cette fusée, laquelle après avoir
duré environ une minutte, fera tirer ce Fusil, dont la Bale ira en quelque endroit percer la Table, qui tournera avec vitesse. Elle sera aussi-tôt arrêtée &
amenée par des Bateliers proche Monsieur le Lieutenant General de Police,
qui examinera sur quel chiffre la Bale aura donné, & il le fera mettre aussi-tôt
en écrit. Tout le Peuple present, & qui sera accouru à ce spectacle avec le même empressement qu'il a pour les Feux de Joye, appercevra visiblement le
chiffre que cette Bale aura rencontré : ceux qui auront une Lunette d'approche,
le verront plus distinctement.

Les Bateliers remettront cette Table dans sa premiere place ; le Fusil sera re-
chargé, mis en même situation, & tiré une seconde fois. Si la Bale a donné au
premier coup sur le chiffre 7. & au second, sur le 4. ce sera le Numero 47.
qui aura gagné les Lots de cent francs, & tous ceux qui auront pris ce Numero, gagneront cette somme.

On fera la même chose pour les autres classes, avec cette diff.rence, que le Fusil
tirera trois fois pour le Lot de mille livres & quatre fois pour le Lot de dix mille liv.
Le premier coup designe les Nombres, le second signifie les Dixaines, le troisiéme
coup marque les Centaines, & le quatriéme les Mil. Supposé qu'au premier coup,
la Bale ait percé l'espace où est le chiffre 3. marqué N. dans la figure, & au second
le chiffre 1. marqué D. au troisié me coup, le chiffre 7. proche la lettre C. & au quatriéme le même chiffre 1. ce sera le Numero 1713. qui aura gagné le Lot de dix
mille francs, laquelle somme sera payée à celui qui aura pris ce Numero 1713.
Si le hazard veut que la Bale rencontre quatre fois le zero, ce sera le Numero
10000. ou le dernier distribué qui aura gagné ce Lot. Si elle donne la premiere
fois sur le chiffre 1. & les trois autres sur le zero, ce sera le Numero 1. & le premier
distribué, parce que ces quatre coups produisent un nombre de cette maniere
0001. qui n'a ni dixaine, ni centaine, ni mille. Il sera facile de connoître les
autres Numeros produits par la combinaison de tous les coups qui seront tirez en
les écrivant chacun dans leur ordre.

Il est évident qu'une seule Table suffit pour tirer cette Loterie ; mais afin de
rendre ce Spectacle plus éclatant & plus facile pour le Peuple, on aura deux Tables pour la classe des Lots de cent francs, trois pour celle des Lots de mille livres,
& quatre Tables pour la classe des Lots de dix mille francs. Les Numeros gagnans y paroîtront dans leur ordre naturel, & le Peuple les lira aussi facilement
que s'ils étoient écrits sur du papier. Ces Tables demeureront exposées pendant
plusieurs jours à la vûë du Public, qui en sera encore averti par des Affiches &
dans les Gazettes.

En cas que la Bale perce quelqu'une des lignes noires qui font les divisions,
Monsieur le Lieutenant General de Police jugera sur quel chiffre elle avancera le

plus, & si elle se trouve directement dans le milieu, il declarera le coup nul, &
le Fusil sera tiré de nouveau.

Les Numeros de la classe des Lots de cent francs, ne passeront point le nombre de cent, & seront seulement repetez autant de fois, qu'il se trouvera de centaines de personnes qui prendront des Billets à cette Loterie.

Les Numeros de la classe des Lots de mille livres ne passeront point le nombre
de 1000. & ceux de la classe des Lots de dix mille francs, iront jusqu'à dix mille
& point au delà.

Tous ceux qui prendront des Billets à cette Loterie, seront demonstrative-
ment assurez que leurs Numeros ne courront point le risque d'être changez,
transposez, alterez ou perdus, & qu'il n'y pourra arriver aucun accident qui
puisse les empêcher de gagner, parce qu'il n'y aura ni Billets roulez, ni Boëte
tournante, ni Listes à acheter, ni Deviles à mettre, toutes choses superflues &
nuisibles au Public.

Comme on retiendra, suivant la coûtume, dix pour cent sur les Lots, il se-
roit à souhaiter que le Roy accordât à Messieurs de l'Academie Royale des
Sciences, la permission de faire cette Loterie, parce qu'ils auroient le moyen
d'executer les Essais & les Experiences de leurs Découvertes, & des Inventions
nouvelles qui leur sont proposées par les Externes & par les Etrangers : ce qui
porteroit en peu de tems, les Arts & les Sciences au plus haut dégré de perfection
où ils sont capables de parvenir, & où ils n'arriveront jamais sans un pareil se-
cours, & sans lequel ils languiront long-tems; & on verra toûjours les choses aller lentement parmi nous, pour me servir de l'expression de l'illustre Secretaire
de cette Academie ; Mais Sa Majesté fera tel usage & telles gratifications qu'Elle
aura agreable, des sommes qui en proviendront, les frais préalablement dé-
duits. Quelques-uns croyent qu'elles iront tous les ans à 30. 40. ou 50000. livres;
d'autres les font aller jusqu'à cent mille francs. L'Experience d'une seule année en
décidera parfaitement. Ces derniers se fondent sur ce que cette Loterie sera
unique dans le Royaume, & que l'on établira seulement des Bureaux pour la
distribution des Billets dans toutes les Villes, où elle ne sera point tirée, & les
Numeros gagnans, y seront les mêmes que ceux qui auront été tirez à Paris, en
presence de Monsieur le Lieutenant General de Police. Les personnes de Pro-
vinces qui gagneront des Lots, y seront payez de leur propre argent, qui ne sor-
tira point des Villes : ce qui en épargnera le port, aussi bien que celui des Lettres,
ôtera la peine & l'embarras de chercher des amis ou des correspondans à Paris,
& produira d'autres facilitez, qui ne peuvent être dans les Loteries ordinaires.

Monsieur le Lieutenant General de Police sera reconduit chez lui avec la
même ceremonie. Les Directeurs de cette Loterie qui auront été quelques jours
auparavant inviter ce Magistrat, & sçavoir de lui le jour & l'heure de sa commo-
dité, iront le remercier dés le lendemain.

Quelques particuliers ont blâmé les Loteries, & ont crû qu'elles étoient superstitieuses, profanes & indignes des Crétiens; mais lorsque l'on aprofondit leur sentiment, on trouve qu'ils condamnent seulement les abus & le mauvais usage quel'on en fait, & non pas les Loteries en elles même qui n'ont rien de mauvais. Comme l'on peut abuser des meilleures choses, & que l'on en abuse trés-souvent, il faudroit, sur le principe de ces particuliers, condamner & supprimer une infinité de choses qui sont dans le commun usage de la vie. On auroit bien plus de raison de blâmer & de défendre les Jeux de hazard dans les maisons publiques & particulieres, où les tromperies, les juremens, la perte du tems, & d'autres desordres se rencontrent presque toûjours.

Le sentiment unanime de plusieurs Nations, prouve évidemment que les Loteries sont innocentes. Personne n'ignore qu'elles sont dans leur plus haut lustre en Angleterre & en Hollande, & que l'on y en fait de plusieurs Millions. Il y en a de continuelles & pendant toute l'année à Genes & à Venise. On dit que dans cette derniere Ville, sous le Doge François Erizzo, on en fit un si mauvais usage & un si grand abus, qu'il fut proposé dans le Conseil de les défendre toutes & de les supprimer entierement, comme nuisibles & dangereuses à l'Etat; mais qu'un des Sages de cette Republique fit connoître la difference qui étoit entre les Loteries en elles-même, & l'abus & le mauvais usage que l'on en faisoit. Plût à Dieu, dit-il, que la Republique n'eût jamais d'autres ennemis que les Loteries, elle pourroit se vanter d'avoir des ennemis qui lui feroient du bien, ce qui donna lieu à la continuation de ces Jeux publics, & d'en défendre seulement les abus & le mauvais usage.

In tenui labor.

Ridiculum acri
Fortius ac melius magnas plerumque secat res.

VN
HVIT
DEVX
SEPT
TROIS
SIX
QVARE
CINQ
ZERO
NEVF
M
D
C
N
9 I 8
0 2
5 7
4 3
6
BIBLIOTHEQUE ROYALE
I 7
M.C.
I 3.
D.N.

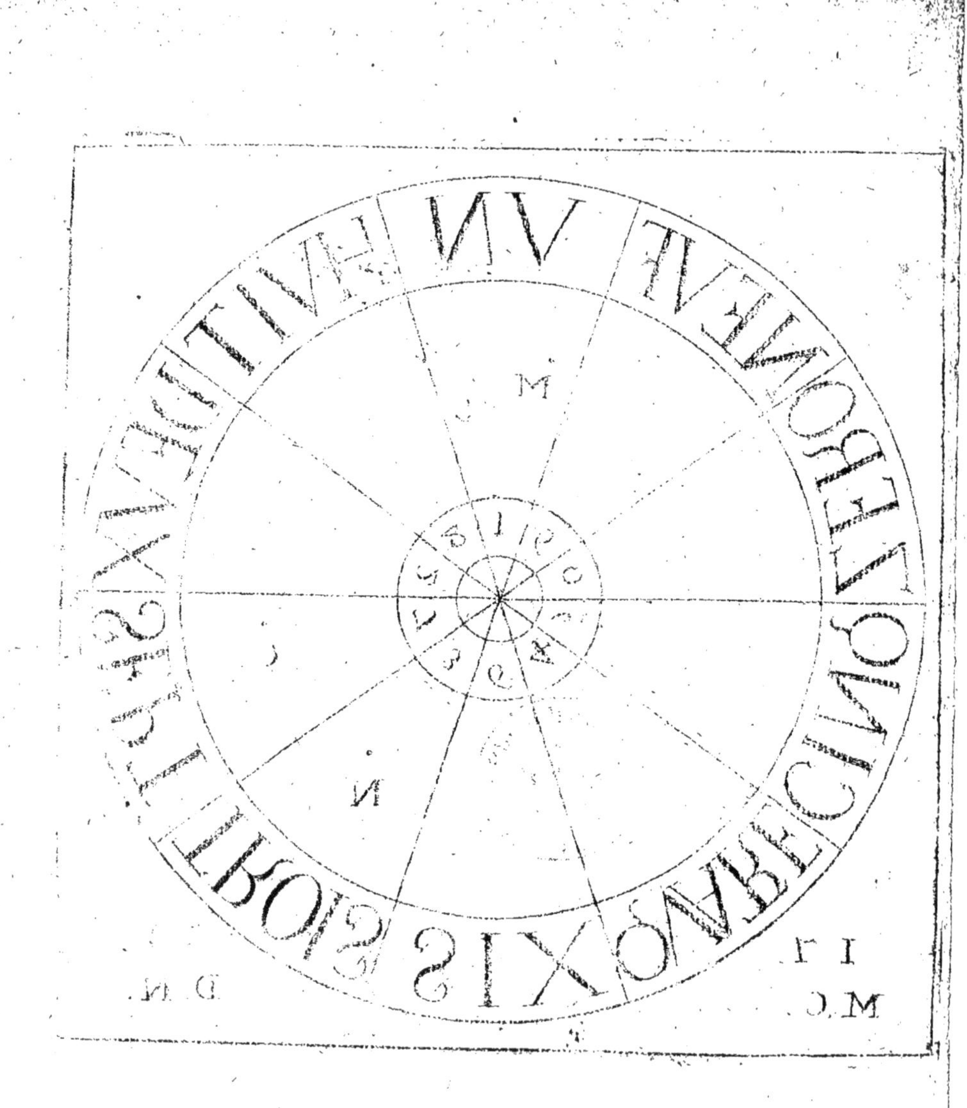

9 782019 951160